GITARRENHEFT

TABS & GRIFFBILDER

DIESES HEFT GEHÖRT

Dein persönliches Inhaltsverzeichnis

27

62

92

106

115